So wird es gemacht:

Öffne das LÜK®-Kontrollgerät und lege die Plättchen in den unbedruckten Deckel. Jetzt kannst du auf den Plättchen und im Geräteboden die Zahlen 1 bis 24 sehen.

Beispiel: Seite 2 /
Wortfamilien von Wörtern mit äu und mit au
Nimm Plättchen 1 und lies Zeile Nr. 1:

1 Blaubeere 18 | Herbstlaub 6 | verbläuen 15 | himmelblau 7

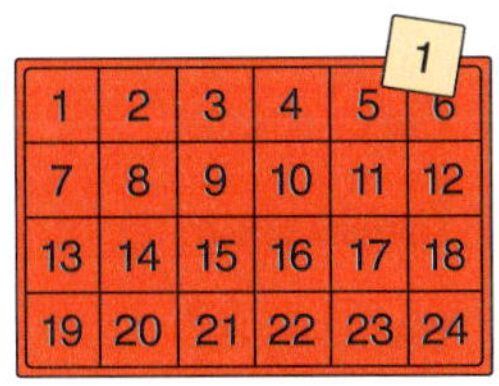

Welches Wort gehört nicht zur Wortfamilie?
Das Wort heißt: **Herbstlaub**.
Daneben steht die Zahl **6**.
Das ist die Feldzahl, auf die du das Plättchen 1 legst.
Die Zahl 1 muss nach oben zeigen.

So arbeitest du weiter, bis alle Plättchen im Geräteboden liegen. Schließe dann das Gerät und drehe es um. Öffne es von der Rückseite. Wenn du das bei der Übungsreihe abgebildete Lösungsmuster siehst, hast du alle Aufgaben richtig gelöst.

Passen einige Plättchen nicht in das Muster, dann hast du dort Fehler gemacht. Drehe diese Plättchen da, wo sie liegen, um, schließe das Gerät, drehe es um und öffne es wieder. Jetzt kannst du sehen, welche Aufgaben du falsch gelöst hast. Nimm diese Plättchen heraus und suche die richtigen Lösungen. Kontrolliere dann noch einmal. Stimmt jetzt das Muster?

Das System ist für alle Übungen gleich: Die roten Aufgabennummern 1 im Heft entsprechen immer den LÜK-Plättchen 1 aus dem Kontrollgerät. Die schwarzen Zahlen hinter den Lösungen sagen dir, auf welche Felder des Gerätes du die Plättchen legst.

Und nun viel Spaß!

Wortfamilien von Wörtern mit äu und mit au

Welches Wort gehört nicht zur Wortfamilie?

Fast alle Wörter mit **äu** stammen von Wörtern mit **au** ab.
Beispiel: H**au**t – H**äu**te, geh**äu**tet

1	Blaubeere	18	Herbstlaub	6	verbläuen	15	himmelblau	7
2	Austausch	13	vertauschbar	19	Täuschung	23	tausend	2
3	Bäume	3	Bauherr	12	Gebäudeteil	2	baugleich	5
4	Oberhaupt	24	Hauptsache	9	verhauen	5	Häupter	22
5	Schiffstau	11	vertäuen	2	Tauwerk	17	taumeln	16
6	lausig	16	laut	1	Läuse	22	entlausen	18
7	daumenbreit	5	Däumling	16	dauernd	14	Daumenkino	6
8	brauchbar	1	Brauerei	18	verbrauchen	12	gebräuchlich	21
9	Sauberkeit	4	Schläue	8	bauernschlau	1	Schlauheit	11
10	Bräune	21	Verbraucher	15	bräunen	16	rotbraun	13
11	bauchig	19	Bäuchlein	5	Bauchweh	4	Bauer	17
12	faulig	9	Faulheit	22	fauchen	13	Fäulnis	20
13	raufen	12	Fräulein	17	fraulich	20	Kauffrau	10
14	Fäustling	14	faustgroß	23	Faustkampf	6	faulenzen	8
15	bäuerlich	6	Bauernbrot	24	baumeln	10	Obstbauer	1
16	Holzzaun	17	zaudern	11	Zaunpfahl	8	einzäunen	23
17	räumlich	20	Traumschiff	3	Träumer	18	verträumt	4
18	Baumwolle	10	Bäumchen	13	baumlos	21	Baumaterial	9
19	Häutung	2	hautnah	20	häuten	9	Häuser	19
20	versauern	8	gesäuert	14	Säue	24	Sauerteig	12
21	Raureif	22	wegräumen	7	Wohnraum	3	geräumig	15
22	abgekaut	15	Kaugummi	10	kaum	7	Wiederkäuer	24
23	zerzaust	23	veräußern	4	Außendienst	19	Linksaußen	14
24	gläubig	7	gräulich	21	glaubhaft	11	beglaubigen	3

Rätselwörter mit äu und mit au

Was ist das?

Einige Wörter mit **äu** haben keine Verwandten mit **au**. Welche sind das?*

Nr.	Rätsel	Nr.	Rätsel	Wort	Nr.
1	an zwei Seilen oder Ketten hängendes Brett	7	eine Märchenfigur mit übersinnlichen Kräften	Gräuel	22
				Haube	14
2	eine Ansammlung von Flüssigkeiten oder Fahrzeugen	8	jemand, der anderen etwas widerrechtlich wegnimmt	Haufen	24
				Pauke	18
3	eine ungeordnete Menge von Dingen	9	ringförmiges Band aus Leder oder Stoff	Räuber	13
				Schauder	16
4	an einem Stiel sitzende Beeren eines Weinstocks	10	ein kesselförmiges Schlaginstrument	Schaukel	19
				Schlaufe	23
5	Maul und Nase bestimmter Tiere	11	eine Kopfbedeckung oder ein Federschmuck bei Vögeln	Schnauze	17
				Stau	21
6	scheußliches Verbrechen gegen die Menschlichkeit	12	ein grauenvolles Gefühl der Angst	Traube	20
				Zauberer	15

Nr.	Rätsel	Nr.	Rätsel	Wort	Nr.
13	eine Pflanze mit kräftigen Wurzeln und Stängeln	19	das Wechseln der Federn bei Vögeln	Gläubiger	3
				Hauch	8
14	eine kurze Zeitspanne ohne Arbeit zur Erholung	20	jemand, der in seinen Ferien verreist	Häuptling	6
				Knäuel	5
15	eine große Menge sehr kleiner Teile in der Luft	21	zu einer Kugel aufgewickelter Wollfaden	Mauser	4
				Pause	9
16	beim Ausatmen spürbare Luftbewegung	22	Bauteil zum Stützen eines Daches	Säule	10
				Schraube	2
17	jemand, der eine Geldforderung an einen Schuldner hat	23	ein kleiner Gegenstand zum Befestigen von Teilen	Staub	11
				Staude	7
18	ein schwankendes oder schwindliges Gefühl	24	jemand, der über einen Indianerstamm herrscht	Taumel	12
				Urlauber	1

*Lösung: Knäuel, Säule

Rätselwörter mit eu

Wörter mit eu musst du dir merken.

Was ist das?

Nr.		Nr.	
1	gemähtes und getrocknetes Gras	7	eine durch einen Stoß geschwollene Körperstelle
2	ein Korb zum Fischfang	8	eine Gruppe von Jagdhunden
3	eine enge Bindung an eine Person	9	ein Raubvogel, der nachts jagt
4	ein Schriftstück mit den Zensuren einer Ausbildungsstelle	10	ein aufregendes, oft gefährliches Erlebnis
5	das ehrliche Bedauern einer Tat	11	eine Anlage zum Verändern des Wasserstandes
6	ein gefühlvoller, hörbarer Laut	12	das Ansteigen der Preise

Abenteuer	20
Beule	21
Eule	13
Heu	17
Meute	23
Reue	19
Reuse	15
Schleuse	24
Seufzer	16
Teuerung	22
Treue	14
Zeugnis	18

Nr.		Nr.	
13	eine besonders ansteckende Kinderkrankheit	19	ein Gebäude zum Lagern von Getreide oder Heu
14	bei Kindern sehr beliebte Dinge	20	ein sackförmiger Behälter aus weichem Material
15	ein abstoßender, brutaler, gemeiner Mensch	21	Dabei entstehen große Hitze und Flammen.
16	unrechtmäßig erworbene, meist wertvolle Sachen	22	der erste Tag des Jahres
17	jemand, der bei einem Prozess aussagen soll	23	an den Staat zu entrichtende Abgabe
18	jemand, der ein besonderes Gefühl vortäuscht	24	ein flaschenförmiger Gegenstand

Beute	6
Beutel	11
Feuer	7
Heuchler	2
Keuchhusten	5
Keule	8
Neujahr	4
Scheune	10
Scheusal	1
Spielzeug	3
Steuer	12
Zeuge	9

Zusammengesetzte Wörter mit eu

Welches Grundwort passt am besten?

1 Leucht ______
2 Neujahrs ______
3 Schleusen ______
4 Beutel ______
5 Keulen ______
6 Euro ______

7 Freuden ______
8 Heu ______
9 Scheuer ______
10 Abenteuer ______
11 Steuer ______
12 Beute ______

13 Teuerungs ______
14 Beulen ______
15 Eulen ______
16 Feuer ______
17 Zeugen ______
18 Kreuz ______

19 Schleuder ______
20 Zeugnis ______
21 Teufels ______
22 Treue ______
23 Neuheiten ______
24 Scheunen ______

erhöhung	5
greifer	1
morgen	8
münze	7
ratte	11
reise	3
reklame	12
schlag	4
schrecke	6
träne	2
tuch	10
wärter	9
abschrift	18
befragung	14
braten	16
dach	15
feder	22
honig	13
katalog	17
pest	20
prämie	19
salamander	23
spinne	21
zulage	24

Zwei aufeinanderfolgende gleiche Konsonanten bei Verben mit Vorsilben

Bilde aus den Vorsilben und den Verben neue Verben, bei denen zwei gleiche Konsonanten aufeinandertreffen.

Wenn ein Wort aus zwei Teilen zusammengesetzt ist, kann es sein, dass zwei gleiche Konsonanten aufeinandertreffen. Man hört aber nur einen Konsonanten:

„übe**rr**ennen" besteht aus: übe**r**-**r**ennen
„a**nn**ähen" besteht aus: a**n**-**n**ähen

So geht das: 1 vo**r**-**r**eiten → vo**rr**eiten

1	vor-	beißen	5
2	weg-	gehen	13
3	mit-	nähen	10
4	an-	reiten	9
5	ab-	saugen	8
6	aus-	teilen	18
7	auf-	brennen	6
8	fort-	führen	1
9	ver-	nehmen	2
10	ab-	rechnen	11
11	hinaus-	sehen	3
12	hin-	tragen	4

13	ent-	folgen	21
14	an-	mauern	24
15	voraus-	nähern	19
16	hinauf-	reiben	7
17	zer-	sagen	23
18	um-	tarnen	22
19	um-	bringen	16
20	her-	fahren	17
21	herauf-	melden	14
22	mit-	nehmen	12
23	ab-	richten	15
24	ein-	tun	20

Schreibe die neu gebildeten Verben auf und unterstreiche die beiden gleichen Konsonanten.

Zwei aufeinanderfolgende gleiche Konsonanten bei zusammengesetzten Nomen

Bilde aus zwei Nomen zusammengesetzte Nomen, bei denen zwei gleiche Konsonanten aufeinandertreffen.

So geht das: 1 Ber**g**-**g**ipfel → Ber**gg**ipfel

1	Berg-	ball	6
2	Holz-	fell	16
3	Raum-	gipfel	18
4	Korb-	lehne	14
5	Stuhl-	maß	13
6	Mauer-	nase	5
7	Schaf-	ritze	22
8	Riesen-	zaun	21

9	Brief-	bau	10
10	Kugel-	dampfer	15
11	Silber-	freundin	1
12	Rad-	graben	8
13	Boden-	lager	2
14	Raub-	mittel	11
15	Burg-	nebel	23
16	Wurm-	ring	17

17	Flug-	beutel	20
18	Staub-	füßer	24
19	Strom-	gerät	3
20	Brot-	lack	7
21	Teller-	kontakt	9
22	Funk-	messer	4
23	Kopf-	rand	19
24	Nagel-	teig	12

Schreibe die zusammengesetzten Nomen auf und unterstreiche die beiden gleichen Konsonanten.

Drei aufeinanderfolgende gleiche Konsonanten bei zusammengesetzten Nomen

Bilde zusammengesetzte Nomen, bei denen drei gleiche Konsonanten aufeinandertreffen.

So geht das: 1 Fluss-sand -> Flu**sss**and oder Flu**ss**-**S**and

Du kannst entscheiden, ob du das Wort zusammenschreiben willst oder mit Bindestrich.

1	Fluss-	fetzen	6
2	Stamm-	konzert	2
3	Bett-	lösung	7
4	Null-	mannschaft	12
5	Papp-	nessel	11
6	Brenn-	plakat	16
7	Stoff-	sand	8
8	Rock-	tuch	21

9	Stall-	fläche	1
10	Schluss-	kiste	24
11	Schliff-	laterne	22
12	Kamm-	macher	5
13	Blatt-	nummer	19
14	Pack-	preis	10
15	Stopp-	satz	15
16	Gewinn-	trieb	20

Eigentlich ist **ck** ein Doppelkonsonant. Ausnahmen mit **kk** finden sich nur bei Fremdwörtern, z.B.: Ma**kk**aroni.

17	Heck-	flamme	4
18	Schlamm-	klappe	18
19	Fett-	linie	13
20	Geschirr-	masse	9
21	Auspuff-	papier	23
22	Krepp-	reiniger	14
23	Zoll-	saal	3
24	Kongress-	tropfen	17

Schreibe die zusammengesetzten Nomen in den beiden zulässigen Schreibweisen auf und unterstreiche die drei gleichen Konsonanten.

Der Wortstamm end

Welches Wort passt in die Lücke?

Der Wortstamm **end** kommt von dem Wort **Ende**.
Bei Wörtern mit dem Wortstamm **end** ist dieser immer betont:
endlich, Un**end**lichkeit, **End**abrechnung

1	An der Kasse musste sie den _____ von 120 Euro bezahlen.	beendete	21
2	Vor ihren Augen dehnte sich ein _____ , weites Land aus.	Endausscheidung	17
3	Das Wort „Freiheit“ hat die _____ „heit“.	Endbahnhof	23
4	Der Weg schien bis ins _____ zu führen.	Endbetrag	19
5	Die Mannschaft verlor im Tunier erst bei der _____ .	endet	15
6	Die Lehrerin _____ die Klassenfeier pünktlich um 22 Uhr.	endgültige	16
7	Die Abgeordneten gaben ihre _____ Zustimmung für den Bau des Stadions.	endloses	22
8	Die Milch gelangt von der Kuh über viele Zwischenstationen schließlich zum _____ .	Endung	24
9	Am _____ mussten alle Leute aus dem Zug aussteigen.	Endverbraucher	13
10	Die Bestellnummer hatte die _____ 3.	Endziffer	18
11	Auf vielen Landstraßen _____ die meisten Wildtiere durch zu schnelles Fahren.	Unendliche	20
12	Das Schuljahr _____ immer im Sommer.	verenden	14

Rätselwörter mit End

Was ist das?

1	ein Lauf, der am Ende eines Wettbewerbs stattfindet	7	ein Mann Ende fünfzig Jahre alt	Endfassung	17
				Endfünfziger	18
2	eine Runde, die am Ende ausgetragen wird	8	ein Vokal am Ende eines Wortes	Endkunde	23
				Endlauf	20
3	ein Stück, das sich am Ende befindet	9	ein Spiel am Ende eines Turniers	Endmontage	19
				Endpunkt	13
4	eine Montage, die zum Ende erledigt wird	10	ein Zustand, der zum Ende eintritt	Endrunde	24
				Endspiel	22
5	ein Spurt, der zum Ende eingelegt wird	11	ein Punkt, der am Ende steht	Endspurt	16
				Endstück	21
6	ein Kunde, der etwas als letzter kauft	12	eine Fassung, die am Ende erscheint	Endvokal	14
				Endzustand	15

13	eine Silbe am Ende eines Wortes	19	ein Ziel, das zum Ende erreicht wird	Enderfolg	1
				Endergebnis	6
14	ein Lager am Ende einer Verwertungskette	20	ein Reim am Ende einer Zeile	Endgerät	3
				Endkampf	7
15	eine Station am Ende einer Bahnstrecke	21	ein Konsonant am Ende eines Wortes	Endkonsonant	4
				Endlager	12
16	ein Kampf zum Ende mehrerer Wettkämpfe	22	eine Summe, die sich zum Ende ergibt	Endreim	2
				Endsilbe	8
17	ein Ergebnis, das am Ende herauskommt	23	ein Erfolg, der sich am Ende einstellt	Endstand	9
				Endstation	10
18	ein Stand, der am Ende festgestellt wird	24	ein Eingabe- oder Ausgabegerät bei der EDV	Endsumme	11
				Endziel	5

Die Vorsilbe ent-

Einzige Ausnahme von der Betonungsregel: entweder – oder!

Suche das Verb mit ähnlicher Bedeutung.

Die Vorsilbe **ent-** bedeutet weg, fort, aus oder hinaus. Bei Wörtern mit der Vorsilbe **ent-** ist diese nicht betont: entgegen, entzwei, enthüllt, entstauben, Entschiedenheit.

1	flüchten	entbinden	17
2	verzichten	enteignen	16
3	stattgeben	entfallen	13
4	borgen	entfliehen	21
5	gebären	entleeren	24
6	schicken	entleihen	22
7	vergessen	entsagen	20
8	stehlen	entschleiern	18
9	ausräumen	entsenden	19
10	aufdecken	entspannen	14
11	beschlagnahmen	entsprechen	23
12	lockern	entwenden	15

13	erwarten	entdecken	4
14	verzeihen	entfachen	12
15	planen	entgegennehmen	6
16	beseitigen	entgegensehen	9
17	auseinanderbringen	entlohnen	3
18	anzünden	entschärfen	8
19	verunstalten	entschuldigen	7
20	bezahlen	entsorgen	10
21	bekommen	entstellen	1
22	abmildern	entwässern	5
23	erblicken	entwerfen	11
24	trockenlegen	entzweien	2

Rätselwörter mit Ent-

Vergleiche die Betonung mit den Wörtern auf Seite 9 und 10.

Was ist das?

1. die Beseitigung von Kalkablagerungen
2. das Herausnehmen von etwas aus etwas
3. jemanden gegen seinen Willen gefangen nehmen
4. Empfindung, wenn sich eine Hoffnung nicht erfüllt
5. ein Ersatz für etwas, das man nicht mehr hat
6. der Zustand, wenn jemand von etwas begeistert ist
7. die Bekanntmachung bisher unbekannter Tatsachen
8. ein Plan für etwas, das gefertigt werden soll
9. eine Wegnahme von irgendetwas
10. die Kündigung und Beendigung eines Arbeitsverhältnisses
11. ein mit Angst und Schrecken verbundenes Gefühl
12. die Beantwortung einer Frage

Wort	Nr.
Entführung	22
Entgegnung	17
Entkalken	19
Enthüllung	18
Entlassung	16
Entnahme	23
Entschädigung	15
Entsetzen	13
Enttäuschung	20
Entwurf	14
Entzücken	24
Entzug	21

Lies dir die Wörterlisten auf Seite 11 und 12 einmal deutlich vor. Achte dabei genau auf die Betonung der Silben.

13. die Beseitigung einer Störung bei einem Gerät
14. als Notstand empfundener Mangel
15. Veränderung oder Wachstum von etwas oder von jemandem
16. eine Meinungsverschiedenheit friedlich lösen
17. der Vorgang, wodurch etwas wertlos gemacht wird
18. ein heimatlos gewordener Mensch
19. durch Überanstrengung verlorene Kräfte
20. ein krankhafter Zustand eines Körperteils
21. die Befreiung eines Raumes von Gerümpel
22. eine Bezahlung für eine Arbeit oder eine Mühe
23. ein Gerät zum Herstellen von Saft aus Früchten
24. der Abstand zwischen zwei Punkten

Wort	Nr.
Entbehrung	12
Entfernung	4
Entgegenkommen	7
Entgelt	11
Entkräftung	6
Entrümpelung	3
Entsafter	2
Entstörung	8
Entwertung	5
Entwicklung	9
Entwurzelter	10
Entzündung	1

End- oder Ent-? end- oder ent-?

Welche Schreibweise stimmt?

Tipp 1: Hat das Wort etwas mit „Ende“ zu tun?
Tipp 2: Achte auf die Betonung!

		End-	Ent-
1	Die ___ produkte der Textilfabrik sind Kleider und Blusen.	22	21
2	Alkoholiker und Drogenabhängige benötigen eine ___ ziehungskur.	17	20
3	___ wicklungshelfer helfen bei vielen Problemen in der Dritten Welt.	19	23
4	Die ___ summe der Rechnungsbeträge betrug 1250 Euro.	21	13
5	Durch ___ spannungspolitik sollten bestehende Konflikte gelöst werden.	15	17
6	Die ___ lagerung von Atommüll bereitet große Probleme.	19	24
7	Bei der ___ fertigung der Motoren traten noch Fehler auf.	13	18
8	Die Werksschließung stieß bei allen auf große ___ rüstung.	16	15
9	Nach der ___ kernung der Äpfel wurden diese zu Apfelmus verarbeitet.	14	24
10	Die ___ lüftung der Heizkörper verbesserte die Heizleistung.	22	18
11	Lange Computerlisten werden auf ___ lospapier ausgedruckt.	16	20
12	Die ___ moränen entstanden am vorderen Gletscherrand.	14	23

		end-	ent-
13	Die Siedler ließen sich auf dem ___ gegengesetzten Ufer nieder.	10	9
14	Bei der Wahl ___ hielten sich viele Wähler der Stimme.	2	7
15	Die ___ ständigen Knospen befinden sich an der Spitze eines Zweiges.	11	12
16	Der Schiffsjunge musste die verschlungenen Taue ___ wirren.	1	10
17	Nach getaner Arbeit konnten sich alle ___ lich ausruhen.	2	4
18	Der Bescheid der Behörde stand ___ gültig fest.	12	6
19	Die Grabinschrift konnte nur mit Mühe ___ ziffert werden.	8	1
20	Der Weg durch die Eiswüste kam ihnen ___ los vor.	4	3
21	Mutig handelte er ___ gegen dem unverantwortlichen Befehl.	5	6
22	Wegen eines Familienstreits wurde der Mann ___ erbt.	9	8
23	Auch der langweiligste Vortrag ___ et irgendwann.	3	7
24	Das Unfallopfer litt unter ___ setzlichen Schmerzen.	11	5

Adjektive mit den Nachsilben -ig und -lich

Verlängerungsprobe: Wenn du nicht weißt, wie man ein Wort am Ende schreibt, musst du das Wort verlängern:
geduldi**g** – geduldi**g**e Kinder, ehrli**ch** – ehrli**ch**e Leute.

Suche das Gegenteil.

1	machtlos	bärtig	4
2	falsch	eckig	3
3	einfach	fleißig	21
4	rund	flüssig	24
5	gebrechlich	häufig	10
6	bewölkt	hungrig	11
7	hoch	kräftig	7
8	selten	langweilig	13
9	sauber	lebendig	15
10	winzig	mächtig	16
11	faul	mutig	6
12	schuldlos	niedrig	8
13	bartlos	reichhaltig	9
14	viel	richtig	14
15	feige	riesig	23
16	tot	ruhig	17
17	windstill	rüstig	12
18	laut	salzig	22
19	schwach	schmutzig	18
20	süß	schuldig	19
21	fest	schwierig	5
22	interessant	sonnig	1
23	karg	wenig	2
24	satt	windig	20

1	erstlich	allmählich	19
2	angenehm	äußerlich	7
3	bescheiden	feindlich	15
4	weiblich	fröhlich	16
5	bekömmlich	hässlich	22
6	grob	kleinlich	13
7	veraltet	letztlich	3
8	privat	künstlich	12
9	großzügig	männlich	4
10	plötzlich	mütterlich	8
11	knapp	nachdenklich	2
12	gründlich	neuzeitlich	24
13	traurig	nützlich	1
14	mündlich	oberflächlich	23
15	gedankenlos	öffentlich	10
16	freundlich	ordentlich	21
17	haltbar	peinlich	17
18	unnütz	reichlich	9
19	natürlich	reinlich	5
20	schlampig	schriftlich	6
21	innerlich	überheblich	14
22	unrein	unverdaulich	20
23	schön	verderblich	11
24	väterlich	zärtlich	18

Adjektive mit der Nachsilbe -isch

Suche das passende Adjektiv mit -isch.

Wenn du bei der Schreibweise ganz sicher gehen willst, mache auch hier die **Verlängerungsprobe.**

1	Jemand, der immer nur an sich denkt, ist ______ .	allergisch	3
2	Alle Dinge, die zur Seefahrt gehören, bezeichnet man als ______ .	antiquarisch	7
3	Gegenstände, die schon älter und gebraucht sind, können als ______ verkauft werden.	automatisch	2
4	Ein Esel, der sich von seinem Herrn nichts befehlen lässt, ist ______ .	egoistisch	10
5	Jemand, der immer an das Schlimmste denkt, ist ______ .	energisch	5
6	Etwas, das nicht über der Erde, sondern unter der Erde ist, ist ______ .	komisch	6
7	Eine Person, die sich durchsetzen kann und nicht nachgiebig ist, ist ______ .	nautisch	12
8	Wenn jemand gegenüber bestimmten Stoffen überempfindlich reagiert, ist er ______ .	pessimistisch	1
9	Jemand, der etwas nach einem bestimmten Plan übersichtlich und überlegt erledigt, arbeitet ______ .	realistisch	4
10	Moderne Maschinen, die nicht mehr mit der Hand gesteuert werden, laufen ______ .	störrisch	9
11	Jemand, der etwas so sieht, wie es auch in Wirklichkeit ist, ist ______ .	systematisch	8
12	Wenn wir über einen Spaß oder ein Geschehen lachen können, finden wir das ______ .	unterirdisch	11

Der stimmhafte s-Laut: Wörter mit s

Suche die zugehörige Verlängerung mit stimmhaftem s-Laut.

Das **stimmhafte s** schreibt man immer als **s**.
Du kannst das **Summen** hören, wenn du dir beim Sprechen beide Ohren zuhältst: Ro**s**e.
Einsilbige Wörter schreibt man am Ende mit einem **s**, wenn sie bei der **Verlängerung** ein **stimmhaftes s** haben: Moo**s** – Moo**s**e.
Der Vokal vor dem **s** ist in beiden Fällen lang. Vor Konsonanten hörst du manchmal ein **stimmloses s**. Das schreibt man als **s**, wenn es dazu eine **Verlängerung** mit **stimmhaftem s** gibt: Hö**s**chen – Ho**s**e, er blä**s**t – bla**s**en.

Lies die Wörterlisten sorgfältig vor. Achte auf die Stimmhaftigkeit.

1	das Los	die Gase	3	13	sie niest	bremsen	23
2	das Haus	die Gänse	4	14	Lieschen	Dose	19
3	der Vers	die Gläser	2	15	er reist	Läuse	14
4	das Gras	die Gräser	5	16	Hülschen	lesen	16
5	das Paradies	die Hälse	8	17	sie rast	Liese	21
6	das Verlies	die Häuser	9	18	Läuschen	Hülse	18
7	das Gas	die Kiese	12	19	er liest	Nase	22
8	der Preis	die Lose	6	20	Mäuslein	niesen	17
9	das Glas	die Paradiese	7	21	sie speist	Mäuse	24
10	der Hals	die Preise	11	22	Näschen	rasen	15
11	der Kies	die Verliese	10	23	es bremst	reisen	13
12	die Gans	die Verse	1	24	Döschen	speisen	20

Der stimmlose s-Laut: Wörter mit ß

Suche die zugehörige Verlängerung mit stimmlosem s-Laut.

Beim **stimmlosen s** hörst du ein Zischen. Wenn man bei der **Verlängerung** nach dem **langen Vokal** auch ein **Zischen** hört, schreibt man in beiden Fällen **ß**: Gru**ß** – Grü**ß**e, Flei**ß** – flei**ß**ig, hei**ß** – hei**ß**er, es bei**ß**t – bei**ß**en.

Lies die Wörterlisten mit dem **stimmlosen s-Laut** sorgfältig vor. Achte auf den langen Vokal vor dem **ß**.

Nr.	Wort	Verlängerung	Nr.
1	der Stoß	die Eiweiße	4
2	der Fuß	die Flöße	11
3	der Vielfraß	die Füße	3
4	sachgemäß	die Gefäße	1
5	groß	die Gesäße	12
6	das Eiweiß	größer	7
7	das Maß	die Maße	10
8	das Floß	sachgemäßer	6
9	das Gefäß	die Spieße	9
10	süß	die Stöße	5
11	das Gesäß	süßer	8
12	der Spieß	die Vielfraße	2

Nr.	Wort	Verlängerung	Nr.
13	er schmeißt	büßen	13
14	sie reißt	fließen	21
15	er büßt	grüßen	22
16	sie schießt	reißen	16
17	es fließt	rußen	24
18	ihr weißt	schießen	18
19	du grüßt	schließen	19
20	es verschleißt	schmeißen	17
21	sie schließt	schweißen	15
22	er schweißt	spaßen	20
23	es rußt	verschleißen	23
24	sie spaßt	weißen	14

Der stimmlose s-Laut: Wörter mit ss

Suche die zugehörige Verlängerung.

Einsilbige Wörter mit kurzem Vokal vor dem **stimmlosen s** schreibt man **ss**, wenn bei der **Verlängerung** auf zwei Silben die **zweite Silbe** auch mit einem **stimmlosen s** beginnt: Flu**ss** – Flü**ss**e, na**ss** – na**ss**er, es nä**ss**t – nä**ss**en.

Lies die Wörterlisten laut vor. Achte auf den kurzen Vokal vor dem **ss**.

Nr.	Wort	Verlängerung	Nr.
1	der Pa**ss**	die Bä**ss**e	3
2	der Bi**ss**	die Bi**ss**e	7
3	der Proze**ss**	die Fä**ss**er	15
4	der Ku**ss**	die Gescho**ss**e	2
5	der Ba**ss**	die Gü**ss**e	1
6	der Ri**ss**	die Kü**ss**e	12
7	der Gu**ss**	die Pä**ss**e	17
8	der Schlu**ss**	die Proze**ss**e	16
9	das Fa**ss**	die Ri**ss**e	14
10	das Schlo**ss**	die Ro**ss**e	6
11	das Ro**ss**	die Schlö**ss**er	4
12	das Gescho**ss**	die Schlü**ss**e	5

Nr.	Wort	Verlängerung	Nr.
13	du kü**ss**t	erbla**ss**en	11
14	ihr me**ss**t	e**ss**en	22
15	sie ha**ss**t	fa**ss**en	18
16	es fri**ss**t	fre**ss**en	24
17	es pa**ss**t	ha**ss**en	21
18	er i**ss**t	hi**ss**en	10
19	es pre**ss**t	kra**ss**er	20
20	sie erbla**ss**t	kü**ss**en	23
21	er lä**ss**t	la**ss**en	9
22	kra**ss**	me**ss**en	19
23	sie fa**ss**t	pa**ss**en	13
24	er hi**ss**t	pre**ss**en	8

Verschiedene Schreibweisen des stimmlosen s-Lautes in Wortfamilien: ß oder ss

Was ist die richtige Schreibweise? ß oder ss?

In manchen Wortfamilien verändert sich die Schreibweise des **stimmlosen s-Lautes**. Um die verschiedenen Zeitformen zu bilden, brauchst du die drei Stammformen der Verben. Dabei kommt vor dem **stimmlosen s-Laut** mal ein langer und mal ein kurzer Vokal. Danach richtet sich dann auch die Schreibweise.

Beispiel:	Infinitiv (Grundform):	schie**ß**en
	Präteritum (1.Vergangenheit):	scho**ss**
	Partizip Perfekt (Partizip II/2. Mittelwort):	gescho**ss**en

Beachte: Nach langem Vokal schreibt man **ß**, nach kurzem Vokal **ss**.

Bilde Sätze mit den Stammformen in verschiedenen Zeiten und mit verschiedenen Personen: sie schie**ß**t – wir scho**ss**en – er hat gescho**ss**en.

Nr.	Wort	ß	ss	Nr.	Wort	ß	ss
	fressen				fließen		
1	fra□	ß 7	ss 20	13	flo□	ß 8	ss 19
2	gefre□en	ß 16	ss 23	14	geflo□en	ß 5	ss 11
3	verge□en	ß 12	ss 22	15	e□en	ß 9	ss 10
	vergaß			16	a□	ß 8	ss 18
4	verge□en	ß 17	ss 20		gegessen		
5	la□en	ß 1	ss 16	17	schmei□en	ß 5	ss 13
6	lie□	ß 12	ss 21		schmiss		
	gelassen			18	geschmi□en	ß 3	ss 9
	genießen				messen		
7	geno□	ß 15	ss 17	19	ma□	ß 18	ss 24
8	geno□en	ß 14	ss 1	20	geme□en	ß 2	ss 13
9	rei□en	ß 21	ss 6	21	schlie□en	ß 3	ss 4
	riss				schloss		
10	geri□en	ß 19	ss 15	22	geschlo□en	ß 7	ss 24
11	gie□en	ß 14	ss 11	23	bei□en	ß 2	ss 23
12	go□	ß 10	ss 6	24	bi□	ß 22	ss 4
	gegossen				gebissen		

Reimwörter mit s, ß und ss

Bei zweisilbigen Wörtern kannst du gut hören, ob das **s** stimmhaft oder stimmlos ist.

Suche das Reimwort.

1	Anweiser
2	leise
3	losen
4	erlösen
5	Vase
6	Faser
7	Fräser
8	blasen
9	Mauser
10	Wiese
11	Riesen
12	Pose

Bläser	16
Dose	15
dösen	24
Fliese	13
grasen	18
Hase	14
heiser	23
niesen	17
Reise	21
Sauser	19
tosen	20
Vergaser	22

Nr.	Wort	Reimwort	Nr.
1	Stöße	Büßer	8
2	Schweißer	flößen	4
3	grüßen	Füße	11
4	Achtfüßer	gießen	10
5	bloße	Größe	7
6	schließen	heiße	1
7	schmeißen	Maße	6
8	beiße	Reißer	9
9	Grüße	Soße	5
10	Straße	Spießer	2
11	Schießer	süßen	12
12	entblößen	weißen	3

Nr.	Wort	Reimwort	Nr.
13	Genosse	besser	17
14	Quastenflosser	Flossen	20
15	vergessen	hissen	13
16	geschlossen	Klasse	18
17	Kassen	küssen	16
18	Aufpasser	messen	23
19	müssen	Narzisse	22
20	Gewissen	passen	15
21	Messer	Posse	19
22	Hornisse	Presse	14
23	Adresse	Schlosser	21
24	Masse	Wasser	24

Wörter mit s, ß und ss

Welche Fragen musst du vor dem Schreiben klären?

Was fehlt in diesen Wörtern?

Ist der Vokal vor dem **s-Laut** lang oder kurz?

Ist der **s-Laut** stimmhaft oder stimmlos?

Ist der **s-Laut** bei der Verlängerung stimmhaft oder stimmlos?

Nr.		s	ß	ss
1	für die Gro_eltern einkaufen	16	7	10
13	den Brief adre_ieren	22	12	2
2	eine Fahrtkarte lö_en	11	19	3
14	ein Ma_band benutzen	21	6	9
3	jeden Tag flei_ig arbeiten	24	4	14
15	über Fel_en klettern	10	18	8
4	sich Mu_ik anhören	8	5	24
16	aufmerk_am bei der Arbeit zuschauen	1	13	17
5	eine Hose pa_end machen	7	20	16
17	den Computer ans Netz anschlie_en	2	17	7
6	das trockene Land bewä_ern	20	1	12
18	eine Gie_kanne füllen	17	9	11
7	einen Blumenstrau_ binden	23	24	4
19	an der Kinoka_e warten	9	2	18
8	seinen Ausweis vermi_en	12	14	20
20	frisches Gemü_e putzen	13	22	23
9	Ei_enstangen verbiegen	3	16	6
21	einen Holzsto_ beseitigen	4	21	13
10	ein Lied vor_ingen	15	3	21
22	eine Bi_wunde behandeln	18	10	5
11	die Hausaufgaben verge_en	5	11	19
23	sich ein Lexikon be_orgen	14	8	15
12	die Garage abschlie_en	19	23	1
24	ein Drehbuch verfa_en	6	15	22

Reimwörter mit ck und mit tz

Eigentlich sind **ck** und **tz** die Doppelkonsonanten **kk** und **zz**.
Diese Doppelkonsonanten gibt es aber nur in Fremdwörtern:
Ra**zz**ia, Ma**kk**aroni. **Merke: Vor ck** und **tz** steht immer ein **kurzer Vokal**.

Suche das Reimwort.

1	kna**ck**en	Ba**ck**e	16
2	Krü**ck**e	Bo**ck**	24
3	pflü**ck**en	Da**ck**el	5
4	flo**ck**ig	di**ck**	23
5	ne**ck**en	dre**ck**ig	3
6	e**ck**ig	dru**ck**en	22
7	Glo**ck**e	Glü**ck**	20
8	De**ck**e	ha**ck**en	1
9	Fa**ck**el	Ki**ck**er	7
10	lo**ck**er	kli**ck**en	19
11	pri**ck**eln	lo**ck**ig	2
12	Ha**ck**e	me**ck**ern	8
13	Ti**ck**er	Mü**ck**e	4
14	Re**ck**	o**ck**er	18
15	bu**ck**eln	ra**ck**ern	21
16	kle**ck**ern	rü**ck**en	6
17	schlu**ck**en	scho**ck**en	10
18	le**ck**er	So**ck**e	15
19	fla**ck**ern	Spe**ck**	9
20	zwi**ck**en	ste**ck**en	17
21	schi**ck**	We**ck**er	12
22	ho**ck**en	wi**ck**eln	14
23	Stü**ck**	Ze**ck**e	13
24	Blo**ck**	zu**ck**eln	11

1	Spa**tz**en	benu**tz**en	11
2	Liegestü**tz**	Besi**tz**	9
3	schä**tz**en	Ersa**tz**	17
4	schmu**tz**ig	Geschü**tz**	16
5	Stu**tz**er	Gese**tz**	2
6	Schni**tz**el	glo**tz**en	10
7	Schu**tz**	He**tz**e	5
8	stu**tz**en	ki**tz**eln	4
9	bli**tz**en	klo**tz**ig	18
10	Matra**tz**e	Krä**tz**e	6
11	Schni**tz**er	Nu**tz**er	7
12	wi**tz**eln	Pa**tz**er	13
13	La**tz**	Pfü**tz**e	22
14	Pe**tz**er	pu**tz**ig	24
15	Kra**tz**er	Schli**tz**er	12
16	tro**tz**ig	Schmaro**tz**er	14
17	pro**tz**en	schma**tz**en	23
18	Glo**tz**er	Schmu**tz**	3
19	spi**tz**	schwä**tz**en	20
20	Ne**tz**e	schwi**tz**en	19
21	Mü**tz**en	Se**tz**er	21
22	Grü**tz**e	Spi**tz**el	15
23	Schä**tz**e	Stü**tz**en	1
24	Pe**tz**	Ta**tz**e	8

Rätselwörter mit k und mit z

Nach langem Vokal schreibt man immer nur ein einfaches **k** oder **z**: Pa**k**et, Schau**k**el, De**z**ember, Hei**z**ung.

Was ist das?

1 ein großer Tintenfisch mit acht Fangarmen

2 eine an zwei Seiten befestigte Holzstange für Artisten

3 ein kleines Fenster im Keller oder im Dachboden

4 eine sehr stark übertriebene Sparsamkeit

5 eine Kopfbedeckung, die am Mantel oder an einer Jacke befestigt ist

6 eine kurze aufgeschriebene Information

7 ein großes Tuch als Schlafunterlage

8 eine kleine Eule mit großem, rundem Kopf

9 ein salziges oder süßes Gebäckstück

10 ein gebogener Gegenstand zum Aufhängen von Dingen

11 der Fachbegriff für Geschlechtswort

12 eine Spielkarte, die andere ersetzen kann

Arti**k**el	6
Bre**z**el	9
Gei**z**	11
Ha**k**en	4
Jo**k**er	2
Kapu**z**e	3
Kau**z**	5
Kra**k**e	12
La**k**en	1
Lu**k**e	10
Noti**z**	7
Trape**z**	8

Auch nach **l**, **n** und **r** schreibt man immer nur ein einfaches **k** oder **z**: Bal**k**en, Ban**k**, Par**k**, stol**z**, Kran**z**, schwar**z**.

13 ein Laubbaum mit weißer Rinde

14 eine klebrige Flüssigkeit aus dem Inneren der Bäume

15 ein aus einer großen Menge Wassertropfen bestehendes Gebilde in der Luft

16 ein aus gepressten Fasern hergestelltes stoffartiges Material

17 eine an der Außenwand eines Hauses befestigte Plattform

18 eine längliche Frucht mit grüner Schale

19 zu einer Ringform gebundene Zweige oder Blumen

20 jemand, der nach dem medizinischen Studium Kranke behandelt

21 ein größerer Behälter für Flüssigkeiten

22 ein durch eine Handbewegung gegebenes Zeichen

23 das feste und harte Material unter der Baumrinde

24 der Unterschied zwischen zwei Zahlen oder Größen

Ar**z**t	18
Bal**k**on	14
Bir**k**e	23
Differen**z**	16
Fil**z**	24
Gur**k**e	22
Har**z**	19
Hol**z**	17
Kran**z**	13
Tan**k**	15
Win**k**	20
Wol**k**e	21

Wörter mit ck/k und mit tz/z

Sieh dir noch einmal die Seiten 22 und 23 an.

Was fehlt in diesen Wörtern?

Nr.	Wort	ck	k	tz	z	Nr.	Wort
1	täglich Milch und Saft trin_en	22	23	2	11	13	dem Baby ein Lä_chen umbinden
		15	24	11	5		
2	einen Kuchen aus Wei_enmehl backen	11	5	23	19	14	für eine Lohn-erhöhung strei_en
		3	7	9	16		
3	den schön gede_ten Tisch bewundern	9	15	12	2	15	unter einer Haube schwi_en
		10	19	22	4		
4	zu schnell fahrende Autos bli_en	19	1	24	22	16	einen Ba_enbart abrasieren
		12	14	4	10		
5	durch den Stadtpar_ wandern	21	4	10	14	17	vorsichtig über eine Kreu_ung fahren
		18	20	15	1		
6	eine Volkstan_gruppe filmen	23	12	8	20	18	in einem Spu_schloss übernachten
		8	21	5	17		
7	einen Lü_entext ausfüllen	13	8	21	3	19	jemandem freundlich zuni_en
		2	16	6	13		
8	einen Fensterpla_ reservieren	20	9	17	23	20	eine rostige Schraube lo_ern
		5	18	1	12		
9	das Blö_en der Schafe hören	1	10	18	24	21	seine Fußballschuhe pu_en
		4	22	16	9		
10	keine Schmaro_er dulden	24	11	3	6	22	teure Gewür_e verwenden
		16	2	13	8		
11	eine Pil_suppe zubereiten	6	13	20	18	23	eine alte Hauswand mit einem Bal_en stützen
		17	6	14	7		
12	sich eine Perü_e anfertigen lassen	14	3	7	21	24	mit De_imalzahlen rechnen
		7	17	19	15		

Fremdwörter

Schau im Wörterbuch nach, wenn du die Bedeutung nicht kennst.

Zu welchen Bereichen gehören diese Fremdwörter?

Fremdwörter sind aus anderen Sprachen übernommene Wörter. Man findet sie in allen Bereichen des täglichen Lebens. Manchmal ist ihre Aussprache und Schreibweise anders als bei deutschen Wörtern.

	Wirtschaft	Kleidung	Nahrung	Musik	Musik	Nahrung	Kleidung	Wirtschaft	
1 der Pullover	10	5	7	2	3	10	1	8	7 der Export
2 der Champignon	7	11	1	4	12	4	10	2	8 die Komposition
3 die Konjunktur	4	8	9	5	9	12	3	6	9 die Krawatte
4 das T-Shirt	12	6	3	1	8	5	2	9	10 die Karriere
5 der Jazz	11	4	6	10	6	11	7	1	11 der Porree
6 das Kotelett	3	9	2	11	7	8	12	5	12 das Orchester

	Medizin	Politik	Berufe	Sport	Sport	Berufe	Politik	Medizin	
13 das Jogging	20	17	13	18	17	20	14	16	19 der Chemiker
14 die Apotheke	14	18	15	22	24	19	23	18	20 die Opposition
15 das Kabinett	24	16	21	14	23	16	13	21	21 das Ekzem
16 der Ingenieur	22	24	17	19	13	18	15	17	22 das Trampolin
17 der Typhus	19	21	23	16	20	24	19	15	23 der Portier
18 der Baseball	13	20	22	15	21	14	22	23	24 die Revolution

Wörter mit Dehnungs-h

Welches Wort gehört nicht zur Wortfamilie?

Bei manchen Wörtern steht **nach** einem langen Vokal ein **Dehnungs-h**.
Es steht nur vor **l**, **m**, **n** und **r**: Za**h**l, Le**h**m, Za**h**n, fa**h**ren.

1	Fehltag	18	fehlerhaft	9	stehlen	20	fehlen	5
2	Milchrahm	9	lahm	22	Rahm	1	entrahmen	16
3	Stichwahl	11	Wählerin	8	abwählen	16	stählern	23
4	Fahrrad	17	gefahren	15	Fahrt	24	Pfahl	19
5	Lehrerin	4	wehren	11	gelehrt	22	Lehrgang	8
6	verjährt	21	Einzahl	1	zählen	14	bezahlen	2
7	vielmehr	24	mehrdeutig	5	kehren	9	vermehren	15
8	gewühlt	8	Stühle	7	Wühlmaus	2	zerwühlt	13
9	höhnisch	13	Hohn	10	verhöhnen	21	Mohn	24
10	Lehnstuhl	19	anlehnen	6	Lehne	10	sehnig	12
11	entführen	23	Anführer	19	rühren	8	führen	4
12	wahrscheinlich	10	Frühjahr	14	bejahrt	15	jährlich	7
13	hohl	6	Föhn	13	Höhle	12	aushöhlen	18
14	erzählt	15	Mahnung	18	gemahnt	5	abmahnen	9
15	Befehl	1	befehlen	20	verehren	17	befohlen	22
16	wegnehmen	7	Abnahme	23	abnehmen	3	zähmen	14
17	Gefahr	12	Auswahl	4	gefährden	23	gefährlich	17
18	verkohlen	2	Holzkohle	21	Wohlstand	18	Kohle	3
19	kahl	3	gemahlen	16	Mahlwerk	7	mahlen	10
20	wahrlich	14	rahmig	2	wahr	19	Wahrheit	6
21	Rohrleitung	20	Blasrohr	24	roh	6	verrohren	11
22	Löhne	16	Gewohnheit	3	gewöhnen	11	ungewöhnlich	21
23	Gefühl	22	fühlbar	12	anfühlen	4	Kühlbox	1
24	ohne	5	versöhnen	17	Sohn	13	Söhnchen	20

Wörter mit silbentrennendem h

Es gibt Wörter, bei denen ein **h** zwischen den Vokalen von zwei Silben steht. Diese Wörter trennt man so: glü-**h**en. Auch die Wörter aus derselben Wortfamilie haben das **h**: es glü**h**t, das Glü**h**würmchen.

Bei Wörtern mit **au** und **eu** gibt es **kein silbentrennendes h**: Bau-er, sich freu-en.

Suche das verwandte zweisilbige Wort.

1	Weihnachten	13	Mähdrescher	blähen	8	muhen	7
2	verfrüht	14	zähflüssig	brühen	18	Nähe	24
3	gemuht	15	Spähtrupp	drehen	13	nähen	2
4	Geschehnis	16	Nahkampf	drohen	16	Reihe	14
5	verzeihlich	17	weggeweht	fliehen	17	ruhen	5
6	bemüht	18	erhöht	früher	9	spähen	19
7	Leihgabe	19	bedrohlich	gehen	22	sprühen	4
8	ausgeruht	20	Brühwürfel	geschehen	11	stehen	6
9	Blähbauch	21	aufgereiht	Höhe	20	wehen	15
10	Nähseide	22	Sprühdose	leihen	21	weihen	12
11	Stehimbiss	23	Fliehkraft	mähen	23	verzeihen	1
12	Gehstock	24	Drehtür	Mühe	10	zäher	3

Welche Wörter haben ein silbentrennendes h?

1	gefehlt	6	ziehen	17	13	beinahe	5	Ähnlichkeit	18
2	Krähe	1	versehrt	3	14	unwahr	19	Zehe	13
3	Vergehen	10	Hahn	14	15	Weihe	21	Mühle	22
4	Fohlen	7	Truhe	6	16	rahmig	8	roher	18
5	Ehe	3	gewöhnlich	23	17	Schlehe	19	unzählig	11
6	Jahreslauf	9	Drohung	14	18	Kohl	15	Kühe	22
7	Bewährung	4	Darlehen	7	19	Flöhe	8	Bohne	2
8	Schuhe	23	Zähne	12	20	ruhig	11	Bahnen	24
9	sahnig	20	gedeihen	9	21	Stuhl	16	Fähe	15
10	fähig	4	verzählt	5	22	Späher	2	ehrbar	17
11	schmähen	12	wohl	13	23	Vernehmung	1	Wehe	24
12	Wohnung	21	Näherin	20	24	Hohlraum	10	krähen	16

Wörter mit langem Vokal ohne Dehnungs-h

Welches Wort gehört nicht zur Wortfamilie?

Über 80% der Wörter mit langem Vokal in der betonten Stammsilbe werden **ohne Dehnungs-h** geschrieben. Wenn vor dem langen Vokal ein **kl**, **kn**, **kr**, **qu**, **sch**, **sp** oder **t** steht, kommt **nie** ein **Dehnungs-h**.

Kluge, **kn**otige **Kr**öten **qu**aken **sch**ön **sp**ät und **t**önend.

1	schaden 4	schälen 11	Schädling 9	beschädigt 2
2	Tuwort 12	kundtun 6	Tube 7	getan 10
3	quälen 11	quaken 4	qualvoll 1	Quälerei 7
4	Krämer 7	kramen 5	Kramladen 3	Kräne 12
5	Tat 10	Vertäfelung 1	Wandtafel 11	tafeln 6
6	beschämt 5	schämen 10	schüren 8	Scham 3
7	klug 1	Klarheit 12	klären 4	klar 11
8	Ersparnis 6	sparen 8	ersparen 2	Spur 5
9	gekrönt 8	Krokus 3	Krone 12	Krönung 1
10	Querflöte 3	queren 2	überqueren 10	quäken 9
11	Verspätung 9	spät 7	Späne 6	verspäten 4
12	kläglich 2	klebrig 9	Klebstoff 5	kleben 8

Nomen werden großgeschrieben

Welches Erkennungszeichen steht vor dem Nomen?

Du weißt, dass man Nomen großschreiben muss. Darum ist es wichtig, dass du Nomen im Satz zwischen anderen Wörtern erkennen kannst.

Nomen-Konferenz

Zwischen Artikel und Nomen kann ein **Adjektiv** stehen: ein **großer** Hund.

Vor einem Nomen kann ein **versteckter Artikel** stehen: **vorm** Wald – **vor** dem Wald.

Vor Nomen kann ein **bestimmter** oder ein **unbestimmter** Artikel stehen: **der** Baum – **ein** Hut.

Vor einem Nomen kann ein **Numerale** stehen: **sieben** Zwerge – **viele** Freunde.

Vor einem Nomen kann ein **Pronomen** stehen: **dieses** Auto – **mein** Computer.

Nr.	Wortgruppe	bestimmter Artikel	unbestimmter Artikel*	versteckter Artikel	Adjektiv	Pronomen	Numerale	Nr.	Wortgruppe
1	eine **gesunde** Mahlzeit	13	4	14	12	17	5	13	**ein** Ratschlag
		8	24	3	19	12	24		
2	**eine** Anfrage	5	15	18	23	24	15	14	**unser** Klassenturnier
		12	17	8	4	21	6		
3	**die** Fernsehgebühr	7	21	22	1	23	20	15	ein **schlechter** Arbeitslohn
		19	11	7	20	16	4		
4	**diese** Melodie	22	9	24	17	11	15	16	**der** Elfmeter
		23	3	13	5	7	18		
5	**zur** Urlaubsreise	24	16	2	10	1	21	17	**beim** Grillen
		20	5	9	13	18	7		
6	**einige** Schnellzüge	1	22	19	24	6	16	18	**wenige** Geldautomaten
		11	8	6	2	15	19		
7	die **neueste** Ausgabe	14	20	12	3	13	17	19	**dieser** Absender
		6	18	4	16	10	12		
8	**ein** Nachtfalter	17	6	20	9	19	6	20	**die** Erfolgsserie
		18	1	10	21	4	9		
9	**mehrere** Lösungen	15	10	23	11	2	8	21	**eine** Wortgruppe
		2	14	21	6	8	14		
10	**hinterm** Kirchturm	21	23	1	14	20	2	22	eine **schöne** Orchidee
		9	7	11	22	3	10		
11	**sein** Arbeitstempo	16	12	15	7	5	22	23	**im** Dorfteich
		3	19	17	18	9	11		
12	**das** Jahreszeugnis	4	13	5	15	22	24	24	**hundert** Gäste
		10	2	16	8	14	13		

* Der unbestimmte Artikel (ein/eine) kann auch ein Numerale sein.

Aus Verben und Adjektiven werden Nomen

Zu welcher Gruppe gehören die Wörter in Großbuchstaben und wie schreibt man sie?

Verben in der Grundform werden zu Nomen, wenn ein bestimmter oder versteckter Artikel davorsteht: **das** Rennen, **aufs** Dach (= **auf** da**s** Dach)

Adjektive werden zu Nomen, wenn sie mit einem Artikel verwendet werden. Sehr oft haben sie dann die Endung -**e**: der Dünn**e**, die Jünger**e**, das Längst**e**. Weitere Erkennungszeichen dafür, dass Adjektive Nomen geworden sind, sind die Wörter **alles**, **etwas**, **nichts**, **viel**, **wenig**: **alles** Glatte, **viel** Gefährliches. Dabei sind die Endungen -**e** und -**es** weitere Hinweise.

Ausnahmen: etwas anderes/Anderes, alles andere, nichts anderes

Nr.	Satz	Verb (klein)	Nomen aus Verb (groß)	Adjektiv (klein)	Nomen aus Adjektiv (groß)
1	Carlos und Eduardo besitzen seit einer Woche eine SCHÖNE Campingausrüstung.	9	12	6	8
2	Dazu GEHÖREN ein Zelt und zwei große Luftmatratzen.	4	1	8	5
3	Das PRAKTISCHE der Luftmatratzen ist ihr platzsparender Transport.	7	3	12	1
4	Durch das AUFBLASEN werden sie ganz weich und bequem.	2	5	11	4
5	Das REISEN mit den Eltern macht den beiden Kindern immer viel Spaß.	12	7	1	6
6	Ihr liebstes Urlaubsziel ist der HERRLICHE Strand von Sylt.	11	4	3	10
7	Beim SCHWIMMEN können sie sich immer richtig austoben.	5	9	7	2
8	In jedem Urlaub haben sie bisher immer etwas UNGEWÖHNLICHES erlebt.	1	8	9	11
9	Mal ist es das STÜRMISCHE Wetter, mal sind es die spannenden Angelfahrten.	6	10	2	7
10	Ihre Eltern UNTERNEHMEN mit den Kindern viele tolle Ausflüge.	8	11	4	9
11	Das SCHÖNSTE daran ist meistens das Rasten und Eisessen unterwegs.	3	6	10	12
12	Manchmal würden sie aber lieber alleine JOGGEN oder faulenzen.	10	2	5	3

Zeitangaben

Wie müssen die Zeitangaben geschrieben werden?

Die Bezeichnungen für Wochentage und Tageszeiten sind **Nomen**. Deswegen werden sie großgeschrieben: Sonntag, Mittag, Nachmittag, Abend. Als Nomen haben sie die gleichen Erkennungszeichen wie auf Seite 29 aufgeführt.
Beispiele: **der** Mittwoch, **ein** Abend, **am** Vormittag, eines **schönen** Tages.

Nur **Zeitadverbien** werden immer kleingeschrieben: heute, morgen, gestern.
Sie haben oft ein **s** am Wortende: morgen**s**, mittag**s**, abend**s**, montag**s**.
Achtung! Wenn ein Artikel davor steht, handelt es sich um großgeschriebene Nomen (trotz des -**s**): **des** Abend**s**, **eines** Nacht**s**.

Wenn zwei Zeitangaben aufeinanderfolgen, wird die zweite Zeitangabe immer großgeschrieben: gestern Abend, morgen Mittag.

Nr.	Satz	groß	klein
1	Heute MORGEN haben wir uns im Vereinshaus zur Besprechung versammelt.	23	24
2	Wir freuen uns schon auf den nächsten MONTAG und die nächste Spielsaison.	19	16
3	Denn MONTAGS wollen wir regelmäßig Handball spielen.	20	21
4	Das haben wir kurz vorm MITTAG fast einstimmig beschlossen.	24	14
5	Dabei waren wir VORGESTERN Abend noch ganz anderer Meinung.	18	16
6	Manche wollten lieber jede Woche am MITTWOCH trainieren.	20	22
7	Aber da haben wir NACHMITTAGS eine Kunst-Arbeitsgemeinschaft.	15	14
8	Und Mittwoch ABEND gehen viele von uns noch ins Jugendzentrum.	18	17
9	Wenn wir uns MORGEN wieder treffen, werden wir über den Vereinsbeitrag abstimmen.	13	22
10	Das haben wir HEUTE Nachmittag wirklich nicht mehr geschafft.	23	15
11	Und am ABEND müssen die meisten noch Hausaufgaben erledigen.	17	19
12	Diese sollte man nicht auf MORGEN verschieben.	13	21

Gleich gesprochen, aber verschieden geschrieben: das oder dass?

Was stimmt?

Mit der Konjunktion (Bindewort) **dass** wird ein Nebensatz eingeleitet. Sie steht oft nach Sätzen mit folgenden Verben: sagen, denken, fühlen, ... – Ich hoffe, **dass** du kommst. – **Dass** du kommst, hoffe ich. Bei der Entscheidung, ob du **das** oder **dass** schreiben musst, hilft dir die **Ersatzprobe**: **das** schreibt man, wenn man **dieses** oder **welches** einsetzen kann.

Nr.	Satz	Das/das	Dass/dass
1	Wir glauben, ☐ die letzte Stunde heute doch noch ausfällt.	8	19
2	Kai möchte, ☐ ich ihn am Sonntag besuche.	16	11
3	Mein Bruder hat gestern ☐ Türschloss vom Hauseingang repariert.	21	24
4	☐ die S-Bahn heute ausfällt, hörten wir im Radio.	5	8
5	☐ Eichhörnchen dort habe ich gestern schon im Park gesehen.	16	7
6	Die Lehrerin überzeugte alle, ☐ sie durch Übung besser würden.	22	24
7	Wir suchen ein Geschäft, ☐ schon ganz früh öffnet.	5	15
8	Das Gedicht, ☐ wir lernen sollten, war viel zu lang.	7	2
9	Der Polizist hat gesehen, ☐ der Fahrer zu spät bremste.	12	22
10	☐ Moos an der Hauswand muss unbedingt beseitigt werden.	15	13
11	☐ man mit dem LÜK-Kasten gut üben kann, ist seit langem bekannt.	23	2
12	Ein Huhn, ☐ nicht frisst, ist vermutlich krank.	12	10
13	Pia meinte, ☐ ihr sie angelogen habt.	20	13
14	Zuerst konnte niemand ☐ Gerücht über das Unglück glauben.	23	17
15	☐ ist die Wohnung, die wir ab Mai mieten werden.	10	9
16	Wir freuen uns, ☐ wir bald Ferien bekommen.	6	20
17	Ob ☐ wirklich stimmt, prüfte niemand nach.	17	1
18	☐ man früher öfter zu Fuß ging, haben wir schon oft gehört.	4	9
19	Alle wünschen sich ein Klassenzimmer, ☐ große Fenster hat.	6	18
20	☐ war gestern eine großartige Geburtstagsfeier.	1	14
21	Viele finden es gut, ☐ Autos umweltfreundlicher werden.	3	4
22	Ist das dein Fahrrad, ☐ du dir zusammengespart hast?	18	19
23	Die Forscher vermuten, ☐ die Ausgrabungen noch Überraschungen bringen.	11	14
24	☐ es einen so heißen Sommer geben würde, ahnte niemand.	21	3